DE
LA POLITIQUE
DE PARTI.

—

N° I.

—

M. DE CHATEAUBRIAND.

———

PARIS

A.-J. DÉNAIN, LIBRAIRE,

ÉDITEUR DE L'HISTOIRE SCIENTIFIQUE ET MILITAIRE DE L'EXPÉDITION D'ÉGYPTE,

RUE VIVIENNE, N. 16.

1831

DE
LA POLITIQUE
DE PARTI.

—

Outre que c'est une chose ordinaire que quiconque n'est point d'une affaire tâche à la ruiner..... il n'y a rien de si aisé que de trouver des raisons apparentes pour condamner ce qui ne se peut faire mieux, et ce qui a été entrepris par de si solides fondements, qu'on n'eût sçu ne le pas faire sans commettre une notable faute.

Le Cardinal DE RICHELIEU.

—

PARIS

A.-J. DÉNAIN, LIBRAIRE,

ÉDITEUR DE L'HISTOIRE SCIENTIFIQUE ET MILITAIRE DE L'EXPÉDITION D'ÉGYPTE,

RUE VIVIENNE, N. 16.

1831

IMPRIMERIE DE HENRI DUPUY,
Successeur de J. Tastu,
RUE DE LA MONNAIE, N. 11.

L'écrit suivant a été commencé à l'occasion de la dernière brochure de M. de Châteaubriand.

Des circonstances tout-à-fait privées ont jusqu'ici empêché qu'il ne fût publié ou même terminé.

Ce retard lui a ôté toutes les chances de l'à-propos; et, à l'heure qu'il est, il faudrait peut-être s'abstenir de le faire paraître.

Pour cela il y aurait deux raisons fon-
dées :

La première, c'est qu'en réponse à M. de
Châteaubriand on connaît déjà d'autres
écrits qui laissent peu à dire quant au sujet,
et encore moins à désirer quant au talent.

Venir à la suite c'est s'exposer à de fâ-
cheuses comparaisons : j'aurais cédé à cette
crainte, mais je ne l'ai pas éprouvée ; une
pareille modestie eût trop ressemblé à de
la fatuité ; prévoir la comparaison, c'était
déjà l'espérer ; je n'y songeais pas et je le
prouve en publiant.

La seconde raison était autrement grave.

Un événement s'est interposé entre le
public et les questions traitées par M. de
Châteaubriand ; il est survenu tout-à-coup
un de ces faits qui, dérobant à la vue tout
ce qui les a précédés, semblent intercepter
pour un instant toute communication entre le présent et le passé.

Ce fait, c'est l'insurrection lyonnaise.

Au bruit de cette affaire, la France entière s'est comme penchée vers Lyon; l'attention universelle s'est concentrée sur cette seule ville; pendant quelques jours on ne s'est inquiété du reste que pour mémoire.

Disons-le pourtant: après l'espèce d'étourdissement qui suit toujours un coup pareil, après la surprise de la première nouvelle, on a reconnu qu'il n'y avait là qu'un incident, immense à la vérité et tout spécial, mais enfin un pur incident de la situation.

Quelques hommes voulaient s'obstiner à y voir presque une révolution nouvelle.

Mais sur quoi donc eût-elle porté? Que pouvait-il y avoir d'aboli, de créé, de changé même en France par cette commotion si strictement locale? Qu'a-t-elle enfin révélé de nouveau? Rien.— Seulement elle confirme quelques vérités sur la faible influence de la politique d'opinions dans ces grandes crises de la politique d'intérêts, et sur la prééminence que devrait toujours avoir la seconde sur la première.

Mais, certes, ces vérités ne sont pas d'aujourd'hui ; tant pis pour ceux qui les ignoraient encore.

Quant à ce qui fait particulièrement l'objet de cet écrit, les événemens le laissent intact; rien n'est venu modifier la politique des partis.

Les ouvriers d'ailleurs ont agi en dehors de tous les intérêts d'ambition et de système : non pas que les diverses opinions soient bien pures de tout ce qui s'est fait là ; mais au fond elles n'y ont pu trouver qu'une occasion de montrer sous un aspect nouveau leur nature intime déjà bien connue.

Il est donc toujours à propos de combattre certains partis, il y a tonjours lieu à les étudier tous.

Dans les motifs qui auraient pu m'arrêter, je n'ai compté ni le temps écoulé depuis la publication de M..de Châteaubriand, ni ce que pourrait présenter de peu digne d'attention un écrit dont la première partie semble se borner à une discussion purement personnelle.

C'est, d'un côté, que les pamphlets de M. de Châteaubriand ne sont pas de ceux dont le souvenir se perde en quelques semaines ; et de l'autre, que dans l'occasion présente, en attaquant M. de Châteaubriand, ce n'est pas sa personne seule que l'on touche.

Par ses opinions, il s'est fait la voix d'un parti ; par l'éclat de sa parole, il en est pour ainsi dire la séduction ; par la nature de son esprit, il a donné une couleur de vraisemblance à la tactique que les légitimistes ont adoptée depuis quelques mois.

Tous, comme lui, se montrent, dans leurs discours, chauds amis de la liberté ; mais c'est avec lui seul, que les hommes du mouvement extrème ont pu, sans ridicule et sans honte, avouer un semblant de fraternité politique.

J'ai donc passé outre à la publication.

Néanmoins, les événemens se pressent, les circonstances varient, les souvenirs s'effacent ; et, pour ne pas venir tout-à-fait à contre-temps, il a fallu que cette brochure fût publiée à mesure qu'elle s'imprimait : voici aujourd'hui une première partie; deux autres suivront à de courtes distances.

Dans la seconde, je rappellerai quelle a été la conduite des partis depuis la révolution de Juillet; je noterai leurs modifications successives; je discuterai ce que les plus vifs reprochent au gouvernement actuel; puis je tenterai de dire ce qu'il est et d'où il vient.

Où il va, je le rechercherai dans la troisième partie, essayant de lire dans les faits accomplis combien il a de chances d'avenir; et quelles chances, et de quel avenir;

et quelle connexion se trouve entre cet avenir politique du pays et son avenir social?

Peut-être pensera-t-on que le genre de publication choisi pour cette brochure offre des inconvéniens? Je ne les ignore pas.

Mais si elle trouve quelque lecteur, il voudra bien ne pas juger l'ensemble sur une seule partie; il se souviendra de ce que peut présenter d'incomplet, d'inexpliqué, d'indécis, une pensée ainsi détachée des pensées qui dans la suite viendront la compléter, l'expliquer, la préciser; et, sur tout ce qui touche aux sujets des deux dernières parties, tels que je les ai tout à l'heure indiqués, il suspendra un instant son opinion, non pas sur l'ouvrage, mais sur l'auteur.

Au reste que l'on n'attache pas ici à ces mots d'auteur et d'ouvrage l'importance et l'espèce de solennité qu'ils peuvent avoir en d'autres occasions; car pour mon compte,

je dirai : *Ce n'est pas icy ma doctrine,*
— le nom irait mal à la chose ; — c'est mon
étude.

Paris, décembre 1831.

Aussi dict Aristote que nulle ame excellente
n'est exempte du meslange de la folie.
Montaigne.

Il paraîtra sans doute étrange à bien des gens
qu'un homme, si inconnu qu'il ne songe pas
même à se nommer, ose pourtant s'attaquer à
M. de Châteaubriand qui est, à si bon droit, illustre depuis tant d'années ; mais j'espère qu'en
y songeant un peu, l'on s'apercevra que la
partie est plus égale entre nous qu'il ne sem-
blerait au premier abord. Ce que mon obscurité
et mon insuffisance ôteront de force à mes opi-
pinions, sa gloire et son génie suffisent à peine
pour le communiquer aux siennes. Il soulève
de terre le parti auquel il lui a plu de lier ses
destinées ; je crains de voir ma cause abaissée
dans mes paroles, et voilà comment il peut se
faire que nous nous trouvions lui et moi pres-

que de niveau un seul instant ; voilà pourquoi je m'aventure à le combattre.

Arrêtons-nous à son premier mot.

Oui, nous fûmes victorieux ; non, nous n'avons point proscrit, et nul de nous ne veut proscrire. Mais si quelque curieux avait à cœur de savoir quelle fut la dernière de ces proscriptions, qui depuis trente années sont venues tour à tour enlever à la France le plus pur de son sang, il lui faudrait remonter à 1815 ; il devrait le demander à M. de Châteaubriand, à ses admirateurs d'autrefois, à ses amis d'aujourd'hui ; les premiers, complices, les seconds, victimes de la clémence de ses princes légitimes ; il devrait le demander aux Cours prévôtales, et, le dirai-je ! au Tribunal qui condamna le maréchal Ney : M. de Châteaubriand y siégeait, je pense.—Et les hommes de ce temps avaient-ils du moins acheté ce droit de mort par la victoire ? Non. D'autres, les ennemis de la France, avaient vaincu à la place et au profit de ces hommes ; quant à eux, ils achevaient les blessés politiques et dépouillaient les morts ; rien de plus.

Mais à quoi bon laver notre révolution de Juillet du reproche qu'on lui adresse ? Aussi bien que ses amis, ses ennemis savent combien ce reproche est vain, et nul ne pourrait retenir un sourire, si j'allais le prendre au sérieux. Ce n'est là qu'un prétexte pour M. de Châteaubriand; son objet, c'est la ruine du gouvernement né des trois journées. Il s'acharne à cette tâche. Prédicateur des prétentions du jeune duc de Bordeaux, il appelle toutes les espérances à l'aide de son royal pupille; il fait, en son nom, des coquetteries à toutes les haines; il lui met dans la main toutes les armes qui s'offrent à ses regards; la France, devant laquelle, vieil avocat de la légitimité, il plaide une cause tant de fois perdue, est traitée par lui comme ces mauvais tribunaux à qui les praticiens s'empressent d'exposer toute sorte d'argumens, vrais ou faux, bons ou mauvais, ingénieux ou déraisonnables, parce que tel qui juge, disent-ils, ne se rendra qu'à une folie ou à un non sens. Auquel des argumens de M. de Châteaubriand la France se rendra-t-elle? Il en ramasse partout. Dans sa colère contre la monarchie élective, il semble dire : Qui est contre elle n'est pas contre moi; et il a un sourire pour la République, un signe d'affection pour Napoléon, un salut même pour cette race inconnue, pour cette possibilité de Roi nouveau, qu'il était, pense-t-il, loisible à la France de se donner après les journées de Juillet. Dans ce brillant chaos d'idées divergentes, disparates, contradictoires, à quelle idée nous attacherons-nous? Que faut-il essayer de réfuter? Parmi ces opinions, quelles sont celles qui partent du fond du cœur, et celles qui ne doivent servir qu'à la bataille? Dans ces dernières, ne s'en trouve-t-il même pas qui blessent au vif cette légitimité si chérie? Quoi donc! en vue de faire honte aux républicains de la préférence qu'ils accordèrent à Louis-Philippe sur Henri V, vous allez jusqu'à leur souffler doucement à l'oreille qu'ils seraient plus près de la République, après douze ans de monarchie légitime, qu'ils ne le sont aujourd'hui après douze mois de monarchie élective! En vérité, c'est aussi ma pensée; mais était-ce à vous de le dire? Et que devient votre Prétendant sous le poids d'une telle prévision? Quant au duc de Reichstadt, on lui ouvre la perspective d'un grade dans l'armée de son cousin. On le voudrait voir capitaine des gardes du roi légitime; ce spectacle est l'un des souhaits les plus vifs de M. de Châteaubriand ; déjà il le disait à Louis XVIII, et le vieux roi, dont l'habileté fut mesquine péut-être, mais du moins très-pratique, accueillait assez mal, je le soupçonne, une politique si étincelante de poésie : certes, ce n'est pas lui qui se serait joué, fût-ce en hypothèse, à introduire ainsi le jeune aiglon dans le nid même de la royauté.

Toutes ces choses, et d'autres encore non moins piquantes, qui abondent dans la brochure nouvelle, ne sont, je le sais, que rêves, projets, espérances, paroles harmonieuses, images originales qui n'engageraient nullement l'avenir du parti. Ces élans d'imagination seraient bien vite réprimés, je n'en doute pas, s'il arrivait aux affaires. Sa véritable pensée politique ne se trouve point dans ces pages, si belles du reste comme œuvre d'art. Ce que l'on y voit n'est pas la fin à laquelle tendent les hommes d'action ; mais uniquement le moyen qui, d'après l'homme de conseil, doit faire arriver.

A Dieu ne plaise que je songe à lui reprocher cette tactique ; chacun entend l'habileté comme il veut, ou comme il peut. Seulement,

si j'étais partisan de Henri V, je tremblerais à
chacune des paroles de M. de Châteaubriand;
son passé personnel m'effraierait pour notre
commun avenir. En effet, qui voudrait douter
de son amour pour la liberté, de son dévouement aux fils de Robert-le-Fort, comme il
nomme ses princes? — Que fit-il cependant
après 1815? qu'a-t-il fait après 1824? A la première de ces époques, s'acharnant contre Bo-
naparte, en haine de son despotisme, il a prêté
l'appui de sa plume prestigieuse aux hommes
qui fomentaient les réactions et le régime
exceptionnel de ces temps déplorables : plus
tard, après sa sortie du ministère, s'alliant aux
libéraux et légitimant l'opposition près des
gens timorés, par l'adhésion qu'il lui donnait,
il a poussé, bien malgré lui sans doute, à la
ruine du trône restauré.

On le voit, il a la main chanceuse ; et je ne
sais, en vérité, s'il faut souhaiter d'être son
compagnon de parti, car son talent semble
brouillé avec les succès politiques : il doit se
contenter de la gloire. Et la chose est peu
faite pour étonner. Ceux-là sont mauvais ser-
viteurs d'une cause qui ne lui sont pas attachés

à la fois par *instinct*, par *raison* et par *honneur* : ils ont beau être fidèles à ses principes et prêcher son dogme avec dévouement, l'instinct les emporte; la raison elle-même ne fait pas obstacle, elle ne sert qu'à ajouter des contradictions à une défaite. Les peuples, en effet, entendent mal tous ces raffinemens d'opinions; ils ne subtilisent pas ainsi leur politique : elle est tout d'une pièce. Intraitables logiciens, ils mettent leur honneur à faire ce que veut leur instinct qu'ils distinguent mal et ne séparent jamais de la raison même; et voilà pourquoi ils ont abattu ou laissé abattre avec joie cette monarchie dont M. de Châteaubriand lui-même avait aidé à creuser la tombe, et aux funérailles de laquelle il vint si dévotement traîner le deuil.

Aujourd'hui il ne veut plus la tenir pour morte; il tente de la ranimer dans l'espoir de mettre encore la France sous sa main. Erreur, double erreur ! Le trône légitime a sombré dans le sang; il y a péri, et je n'en veux pas d'autre preuve que la nature même de l'apologie que l'on vient en écrire une année après le naufrage. A l'entendre, les nobles instincts qui firent la révolutiou de Juillet, ne pourraient trouver de sympathie efficace que dans la royauté de Henri V. Mais lorsqu'on voit une aristocratie préconiser ses priviléges comme utiles ; une religion, ses mystères comme rationnels; une légitimité, sa prérogative comme populaire, c'est que chacune de ces puissances a fait son temps ; elles n'existent plus par leur propre force ; déjà vaincues, elles rendent les armes, demandant quartier à l'ennemi qui les tue et lui parlant sa langue pour le fléchir. Que M. de Châteaubriand ne croie donc pas avoir désarmé, avoir enrôlé au service de sa cause ces opinions qu'il flatte et qui l'applaudissent. Mais peut-être est-il disposé à attendre moins de ses amis d'un jour : il se contente d'espérer qu'ils seront entre ses mains un instrument aveugle de restauration : il ne veut que leur faire partager sa besogne et les pousser à détruire, de concert avec lui, qui, plus tard, réédifierait seul. Soit. Mais écoutons-les qui, de leur côté, font soigneusement leurs réserves. Eux aussi considèrent leur subit allié comme un instrument fort bon à leur déblayer le terrain;

à leurs yeux, il n'est qu'une éclatante appro-
bation de leurs antipathies, une autorité ajou-
tée à leur violence, une séduction à leur ru-
desse. Ce qui les lie les uns aux autres, c'est
donc l'espoir mutuel de se prendre pour dupe;
situation plus plaisante, ce me semble, qu'ils
ne le croient : je sache peu de comédies qui
la vaillent, d'autant mieux qu'au lieu d'une
seule dupe, il pourra fort bien s'en trouver
deux au dénouement. Quant à moi, je l'espère pour la France qui a besoin que des
deux côtés on perde la partie à son profit; j'y
compte même, à vrai dire : c'est à ce résultat
que doit aboutir l'étrange spectacle que nous
donne le défenseur pieux des fils de saint
Louis, lorsque, pour faire pièce aux plus clé-
mens de leurs adversaires, il témoigne publi-
quement une si vive amitié aux hommes qui
ont voulu écrire dans la loi, non pas la dé-
chéance irrémédiable, non pas le bannisse-
ment, mais la mort de toute cette lignée royale.

Ces étrangetés préparent suffisamment les
lecteurs à tout ce qu'il plaira à l'auteur d'introduire dans sa politique; désormais rien de lui
ne peut surprendre. Aussi, ne me récrierai-je

pas sur ce qui est dit dans sa brochure au sujet des différentes formes de gouvernement
qui, selon lui, pouvaient être établies après
le mouvement de Juillet. Il indique toutes les
hypothèses. Celles qui furent rejetées ou négli-
gées offraient chacune de grands avantages,
dit-il; dans celle qui fut réalisée, il ne dé-
couvre que désavantages sans compensation.
A ce compte (il ne tire pas la conclusion,
mais elle ressort de chacune de ses paroles),
à ce compte, nous sommes une nation bien
stupide : grâces lui soit rendues de nous avoir
fait toucher au doigt une pareille vérité.

Mais la chose est-elle aussi certaine qu'il le
croit en apparence? Son pamphlet ne voit que
maux, ne signale qu'impérities, ne note qu'inconvéniens dans le choix que nous avons fait.
Sans doute, rien dans l'humanité n'est complet; toute médaille a son revers : mais pourquoi ne montrer que le revers. Pourquoi? Eh!
rappelons-nous dans quel esprit fut écrit en
1814 l'autre pamphlet célèbre sur Buonaparte
et les Bourbons. Alors, l'aveu en est consigné
dans la préface du recueil de ses écrits politiques;
alors, l'auteur a été sciemment injuste envers Na-

poléon. De son caractère, il n'a dit que les mauvais côtés ; de son règne , que les faits odieux ; et encore eut-il soin de tout grossir, de tout envenimer : les hautes qualités de l'homme *fastique*, le bien par lui fait au pays, son génie gouvernemental, tout cela était mis en oubli, ou même dénié. La cause de M. de Châteaubriand avait besoin de ce mensonge par omission : il l'avoue, et cet aveu m'explique l'étrange préoccupation qui ne lui fait rêver maintenant que bonheur et gloire sous Henri V, infamie et misère sous Louis-Philippe : c'est tout uniment parce qu'il aurait besoin, pour arriver à ses fins, que cela fût ainsi ; mais cela n'est pas ; et, en disant tout bien de l'un et tout mal de l'autre, il ne démontre qu'une chose : c'est qu'il lui semble utile de dire tout mal de celui-ci et tout bien de celui-là.

Certes la légitimité n'est pas cette merveille que l'on dit à présent. Nous la vîmes assez longtemps à l'œuvre, pour savoir ce qu'elle vaut, et jusqu'ici pas un de ses fauteurs n'a jeté, ce me semble, sur elle un jour nouveau; pas un n'a tiré de ses souvenirs quelqu'une de ces révélations qui parfois changent tout l'aspect de l'histoire, et réhabilitent le passé d'un homme, d'une famille, d'un parti, au profit de son avenir. Peut-être, à la vérité, M. de Châteaubriand comptait-il, pour opérer ce miracle, sur le récit de ce qu'il proposa, voulut, imagina ou rêva même auprès des rois, en faveur des libertés et des affections nationales. Mais cela suffit-il à autre chose qu'à faire voir l'impuissance de ses conseils? Nous autres gens curieux de sa renommée, nous recueillons avec soin ces confidences; mais qu'importe à un peuple ce qui a pu exister un instant dans la pensée d'un homme, fût-ce même la pensée de M. de Châteaubriand? Ce qui lui importe, à ce peuple, ce sont les faits accomplis. Or, que les légitimistes se souviennent; car de son côté le peuple n'a rien oublié, rien, pas même sa colère victorieuse. Dès le jour d'ailleurs où la royauté légitime congédia de ses conseils, comme on renvoie un serviteur infidèle, ce ministre que nous vénérions tous comme une de nos gloires littéraires, et que la France libérale accueillit ainsi qu'un illustre étranger en exil; dès ce jour-là, des amis initiés à l'intimité de cette disgrâce prophétisèrent qu'en se séparant d'un tel homme

d'Etat, la royauté divorçait avec toutes les nobles idées, tous les sentimens éclairés à qui
lui seul (ses amis l'assuraient) ouvrait la porte
du conseil. Aujourd'hui il affirme que cette
alliance tentée par lui, de la légitimité avec le
peuple, pourrait être reprise ; il offre ses ser-
vices pour la négocier ; mais quoi ! ne s'est-il
donc rien passé en France depuis sa sortie du
pouvoir ? Rien ! Que M. de Châteaubriand
se souvienne donc, qu'il se souvienne !

Mais l'avenir, dira-t-il. — Eh ! pour votre
cause, il n'y a que du passé, et quel passé !
L'avenir est à d'autres. Pouvez-vous faire en
effet que le duc de Bordeaux ne soit pas désiré
par les hommes de 1815 et par ceux de 1830 ?
qu'il n'arme pas de son nom la chouannerie,
Vendée de grands chemins, guerre de cours
d'assises ? qu'il ne fasse pas fermenter toutes
les idées de sacristie et d'antichambre du règne de son grand-père ? qu'il ne soit pas imbu,
imprégné de tout l'esprit qui dicta les Ordon-
nances ? Pouvez-vous faire qu'il aime ce qui le
repousse, et qu'il repousse ce qui l'aime ? que
sa famille n'ait pas eu deux fois besoin de notre
défaite par la main des étrangers pour monter au

trône, et que lui-même n'en eût pas besoin pour comprimer le vœu de la France? Pouvez-vous faire qu'un seul des hommes prêts à soutenir son droit porte au fond du cœur une seule des opinions populaires que vous professez aujourd'hui, et qu'ils répètent tous des lèvres, en écoliers désireux d'éviter les férules du maître, qui est ici le peuple? Dites, Monsieur, dites, pouvez-vous, par l'unique vertu de vos paroles, faire une seule de ces choses? Pouvez-vous effacer ce qui a été, changer les conditions d'un parti, ses membres, son esprit? Pouvez-vous, abolissant les relations de cause et d'effet, tirer d'une cause les effets qui résultent d'une autre? Non sans doute. Mais alors que devient votre royauté d'Henri V, si forte et si douce, si légitime et si prodigue de liberté; espèce de terrain neutre au milieu des partis, où tout ce qu'ils ont de bon se donnerait rendez-vous; sorte de lieu public où chacun serait admis sans répugnance, sans examen, ce qui est assurément très-hospitalier; mais entre gens si peu d'accord sur tant de points, il pourrait bien y avoir quelques gorges coupées au premier mot d'explication.

Certes, je ne nie pas que cette idéale royauté ne soit une création originale ; elle est comme une image fantastique où l'esprit de M. de Châteaubriand se reproduit tout entier : l'ouvrier a fait l'œuvre à sa ressemblance. En elle et en lui fermentent comme au hasard les caprices d'artiste, les rêves politiques, les élans vers l'avenir, les retours au passé, les aperçus ingénieux, les vérités hardiment conçues, les paradoxes étrangement établis, les faussetés finement déguisées, merveilleux pêle-mêle qui donne tant de vivacité, tant de prestige à sa polémique. Mais sur ce monde si brillant, si variable, si contradictoire, il suffit de souffler ; tout s'évanouit ; rien ne reste que les preuves d'un incontestable talent, d'une constance chevaleresque de sentimens, et, que l'on me passe le mot, d'un vagabondage d'opinions bien aventureux dans un homme d'État.

C'est ainsi, quant à présent, qu'un seul coup-d'œil fait voir la vanité des promesses dont on voudrait nous leurrer au nom de la royauté d'Henri V ; ainsi se brise, dès qu'on le touche, ce lien factice que l'on s'efforce d'établir entre elle et la révolution ; et dans cette ruine d'un trône, dont un grand écrivain nous vient pour ainsi dire dorer les débris, le pays ne persistera pas moins à ne rien voir qu'il doive pleurer, rien qu'il doive souhaiter.

Mais ici un nouveau système se présente.

Le droit héréditaire, sorte de prescription politique, est invoqué en passant; puis la souveraineté du peuple est mise en cause; on la traîne au procès à côté du duc de Bordeaux; il portait sur son bourrelet le sceau de la volonté nationale; il était d'une race jadis élue; seul, il possédait la vertu de donner aux libertés, dans l'avenir, une durée que sa royauté avait dans le passé; la nation avait accepté son droit royal; la nation ne l'a pas repoussé; elle n'a point parlé.

Eh, bon Dieu! quant à la durée de nos libertés, elle serait bien aventurée, s'il leur fallait la mendier d'une royauté abolie elle-même quatre fois en quarante ans? Peut-elle donner ce qu'elle n'a pas? Quant au droit du duc de Bordeaux, la nation a prononcé: l'adhésion du peuple au résultat des journées de Juillet; sa négligence des prétentions de Charles X et de sa lignée, voilà le jugement.

Remontons l'histoire : où se trouve-t-il un jugement de cette espèce plus complet, plus certain, plus général? Et ne venons pas dire
que le trône n'a cédé qu'à un parti; que la Restauration fut vaincue par le libéralisme : déjà
M. Sauzet l'a soutenu dans son éloquente plai-
doirie, et certes il avait raison en tous points,
hormis un seul, c'est qu'en racontant l'histoire
de deux partis, il ne tenait pas compte — de
quoi? de la nation.

Oui, la nation, la France n'a jamais ap-
partenu qu'à elle-même; elle n'est ni à un
parti ni à l'autre. C'est par accident seulement qu'elle se trouve rangée sous quelqu'une
des bannières qu'ils arborent : cela se voit
lorsque cette bannière marche dans la voie
nationale. Un parti sert la France : la France
l'adopte, l'écoute, le suit même; mais la France
ne le sert pas. Quand il y a lutte entre deux
partis, la France s'interpose, pour les mettre à
la raison tous les deux, si tous les deux sont
égoïstes; pour donner la victoire, si l'un est
dévoué, l'autre hostile aux intérêts nationaux.
Nous avons eu cette leçon pendant les dernières années de la Restauration. C'est alors

seulement que le libéralisme, épuré dans les
tempêtes politiques, a mérité et obtenu l'assentiment général. Lorsque M. de Châteaubriand était aux affaires, la France qui, grâce
à la fatigue de l'Empire, appartint moralement
à ses maîtres pendant quelques années, était
déjà près de leur échapper; mais les libéraux
ne l'avaient pas encore. Ce sont les fautes et les
crimes de ceux dont il prend aujourd'hui l'intérêt en main, qui la leur ont donnée, ou plutôt
qui les ont incorporés à elle par une communauté
de besoins, de passions, d'idées, d'intérêts, en
frappant elle et eux des mêmes coups. Grâce
à Dieu, elle est à eux : ils sont à elle. Elle
fait un avec les fauteurs invariables de la
monarchie représentative consentie; et c'est
parce que cette union le menace d'une longue
durée, que M. de Châteaubriand s'élève contre
ces hommes avec tant de colère. Certes, il
insulterait moins les amis du gouvernement éta-
bli, s'ils étaient moins dans les intérêts et plus
dans les passions de la révolution de Juillet. Il
tend au contraire la main à ces passions; il leur
prête la magie de ses paroles; et pourquoi?
Parce que les passions dévorent, il le sait :

les intérêts seuls fondent et maintiennent.

Or, le gouvernement ne connaît pas d'autres intérêts que ceux de la nation même. C'est en vain que l'on tente de dédoubler pour ainsi dire la révolution, et de mettre, d'un côté, le gouvernement avec ses nécessités, de l'autre, le pays avec ses besoins. Pour cette *jeune France*, à laquelle M. de Châteaubriand en appelle, comme pour cette *petite France*, plus grande, je crois, que ne la voudraient ses augustes protégés, l'intérêt suprême à l'intérieur c'est la liberté légale. Et le gouvernement ne la veut-il pas? Peut-il ne pas la vouloir? N'est-elle pas dans sa nature même? Ne la faut-il pas au trône fondé par elle et pour elle? Qui se plaint de son absence, sinon ceux qui voulaient nous la ravir à tous? — Et à l'extérieur, quel est le grand intérêt du pays si ce n'est, il faut bien l'avouer, si ce n'est la paix? Oui, la paix qui, en maintenant chez nous l'œuvre de Juillet, couvera pour ainsi dire et fera éclore en sûreté tous les germes de liberté répandus dans le reste de l'Europe. Je ne parle pas du commerce, de l'industrie, qui vivent de sécurité; des impôts

que la paix seule permet d'alléger dans une
forte proportion : ce sont là des considérations
mesquines , c'est du matérialisme politique
dont on ne tiendrait compte que pour les rail-
ler. Je ne dirai pas qu'il importait de ne pas
mettre l'Europe en éveil contre toutes nos révolutions, et que c'est se condamner à périr tôt
ou tard que de tenter fortune seul contre
tous. Il répondrait, cet ami des légitimités,
que, si dès l'abord nous avions marché la tête
haute et l'épée à la main, les alliés nous seraient
venus de toutes parts , que nous aurions eu
toute une Europe.—Oui, contre nous l'Europe
organisée et forte ; pour nous l'Europe désor-
ganisée et cherchant dans la France moins une
amie qu'une mère adoptive, tenue de pourvoir
aux besoins d'autrui ; heureuse si on ne lui pre-
nait pas le meilleur de son sang, pour sustenter
ces révolutions, enfans d'un autre sein, qui ne
naquirent pas viables. Sans doute chacun de
nous a le droit de courir pour son propre
compte toutes les chances que peut entraîner le
dévouement à la cause d'autrui : il est beau de
les affronter ; le sacrifice de soi est l'acte le plus
noble que conçoive notre pensée ; mais les gou-

vernans n'ont pas à répondre d'eux seuls à l'avenir, et nul, que je sache, ne doit, ne peut jeter un peuple dans une voie pareille : l'abîme est au bout, abîme glorieux, sans doute, mais de cette gloire d'aventures les peuples n'ont que faire, ou plutôt ils en ont assez ; ils savent trop son vide et ses périls. En effet, si l'individu meurt, qu'importe à l'humanité? pour elle, il vaut mieux, dit le proverbe, qu'un homme périsse qu'une vertu, mais il faut au contraire que les nations vivent : les sociétés, les plus hautement civilisées surtout, ne doivent pas se précipiter de gaieté de cœur dans les chances de mort : la destinée du monde est attachée à leur durée ; en elles sont les germes de tout bon avenir ; qu'elles gardent bien ce dépôt ; qu'elles ne le jettent pas au vent du hasard ; qu'elles ne mettent pas ce trésor de l'humanité entière sur une carte ; on ne retourne pas toujours *atout* comme nous avons fait en juillet, et je dis nous, car c'est la France qui a gagné, et non pas la seule monarchie élective, quoi qu'en dise M. de Châteaubriand.

Il y a donc quelques hautes et généreuses considérations qui militent en faveur du système de paix, et il ne faut pas accuser de lâcheté d'ame tout homme qui n'est point d'avis d'agir en brétailleur, ne redoutant pas la guerre, mais ne l'aimant pas plus que le pays lui-même, car le pays ne l'aime pas.

M. de Châteaubriand n'en est pas à l'apprendre. L'opinion des esprits ardens ne peut égarer sur ce point un homme qui fut ministre, ambassadeur, pair de France, qui a vu les affaires de près et ne doit par conséquent pas ignorer l'allure des partis. Dès que l'un d'eux arrive au pouvoir il se divise. Quelques hommes conservent, dans cette situation nouvelle de victorieux, leurs habitudes, leurs entraînemens, leur tactique d'autrefois; bientôt ils se retirent des affaires ou en sont précipités; ils redeviennent opposition, nommant renégats tous ceux de leurs anciens amis qui restent au pouvoir. Et de quoi donc ceux-ci sont-ils coupables? Ils ont senti que pour organiser il ne s'agissait pas de se borner aux choses qui jadis ont si bien servi à détruire. Ils savent qu'un parti doit se transformer lorsqu'il se fait pouvoir : le but est changé; les moyens seront-ils les mêmes? Ne se dépouillera-t-il pas de ce qu'il avait d'instinctif, d'irréfléchi, de passionné? Car si le mobile d'un parti est pris dans ses passions à lui, le mobile du gouvenement ne doit se tirer que des intérêts généraux. Pour se réaliser d'ailleurs, les idées sont tenues de capituler avec chaque fait, comme avec un ennemi qui ne se laissera pas prendre de force. Non pas certes qu'on ne puisse gouverner en imposant aux gouvernés ses propres passions politiques, ses conceptions absolues. Cela s'est vu. Mais alors il faut se résoudre à gouverner par violence et pour un temps bien court; il faut se résoudre à opprimer. Quelques hommes l'ont fait avec sagesse, pour me servir du mot de l'Écriture, c'est-à-dire avec grandeur et habileté; mais Dieu nous sauve de cette sagesse, nous autres bonnes gens qui en porterions tout le faix.

Maintenant, en appliquant ces aperçus au sujet, je répéterai que l'intérêt général, c'est la paix, en ajoutant que la guerre, ou plutôt la politique d'où résulterait la guerre, n'est qu'une passion de parti. Ce parti, c'est le libéralisme qui n'avait qu'un cri autrefois : dans toute opposition bien disciplinée, les dissidens se taisent. Mais aujourd'hui nous le voyons divisé en deux camps : d'un côté se trouvent les hommes d'opposition, de l'autre ceux de gouvernement : c'est le mouvement et la résistance, le progrès et le juste-milieu, les impatiens et les temporiseurs ; qualifications que je m'explique toutes, en voyant que quelques-uns, parmi les anciens libéraux, ont entendu se dévouer plus strictement aux intérêts positifs de la révolution, et si on les accuse d'avoir trahi ses principes, traduisez ses passions : les principes sont à tous, les passions à quelques-uns.

Et à l'appui de ce qui vient d'être dit, je citerai un exemple qui touche de plus près M. de Châteaubriand. Un fait pareil se produisit sous la Restauration. Des hommes, attachés aux Bourbons de la branche aînée et à la cause de la légitimité, tentèrent de gouverner selon le besoin de la France, et non d'après des passions de royalisme. Les uns sympathisaient avec plusieurs des intérêts moraux du pays, les autres comprirent avec netteté la plupart de ses intérêts matériels. Les royalistes purs crièrent anathême sur les uns comme sur les autres. Ces transactions les indignaient ;

et c'est pour cela néanmoins que ces hommes, gens d'affaires, purent administrer pendant un temps cette France que M. de Châteaubriand, homme de talent littéraire et de passion politique, ne pourra jamais que charmer ou agiter : sa vie entière en fait foi.

Mais que prouvent ces considérations purement personnelles? Tout contre l'homme, rien contre la cause. Grâce à Dieu, nous ne voyons jamais les institutions, quel que soit leur principe, réduites à vivre de la vie de quelqu'un de leurs partisans : elles subsistent par leur propre vertu ou meurent. Et j'ai dit : grâce à Dieu; car ainsi, ce n'est pas la volonté individuelle, toujours oppressive, par cela seul qu'elle est unique, ce n'est pas le cri d'un homme qui fait la loi suprême; c'est le cri d'une masse, toujours plus conforme à la vraie justice, par cela seul qu'il exprime un plus grand nombre d'intérêts. Lors donc que, dans un temps de révolution, un homme se fait porte-drapeau d'un parti, qu'il se proclame chef par la hauteur de ses menaces et de ses promesses, ne vous arrêtez pas à regarder sa personne seule, si brillante qu'elle puisse être de gloire récente ou de grands souvenirs : regardez derrière lui. Y voyez-vous des gens qui le suivent? Entraîne-t-il quelque foule sur ses pas? Ce général a-t-il une armée? Non, il marche seul. Eh bien! laissez-le passer, vous contentant d'applaudir ou de siffler, selon qu'il représente bien ou mal son personnage.

Que M. de Châteaubriand passe donc aux applaudissemens de tous ses lecteurs. Ce bruit, qui seul suit partout sa brochure, ne peut rien changer au fond même de la situation actuelle. Sur qui aura-t-elle tout son effet et dans quel sens? — De qui sera-t-elle comprise? A la ville, des hommes de salon; à la campagne, des hommes de château; c'est-à-dire de gens qui parlent beaucoup et agissent peu. Aussi toutes ces pages si brillantes seront-elles beaucoup prônées, répétées, commentées, mais pas une ne sera pour ainsi dire traduite en faits. On a dit à la vérité qu'en politique, sous un gouvernement où toute pensée est libre de se produire, certaine d'arriver à ceux qui l'attendent, parler c'était agir, écrire c'était faire; mais cela ne doit s'entendre que des paroles qui, s'adressant au peuple, lui vont droit à l'intelligence, parce qu'elles sont à sa portée, ou plutôt à sa hauteur, c'est-à-dire simples, rudes, passionnées, naïves surtout. Ainsi, dans les départemens de l'Ouest et du Midi, où se trouvent le plus d'hommes dévoués à la même pensée que M. de Châteaubriand, ce pamphlet si incisif, fût-il mis entre les mains du dernier villageois, pénétrerait cent fois moins avant au cœur du parti que la plus vulgaire de ces chansons politiques, ignoble et plate rapsodie, attachée à quelque méchant portrait du jeune Prétendant, et qui, pour unique et rare mérite, célèbre brutalement les droits de ce messie politique, roi légitime et très-chrétien. Là point de soupirs vers la République, pas un mot de faveur pour Napoléon, mais de la légitimité bien égoïste ; le pur carlisme, parlant mal, mais comme on parle au village, et, par cela même, plus à redouter s'il trouvait moins de cœurs fermés d'avance à toutes ses émotions.

Et d'ailleurs, en négligeant même cette observation, on peut dire que M. de Châteaubriand a lui-même tué l'effet de sa brochure sur le gros de son propre parti, par ce pêle-mêle d'opinions dont j'ai plus haut cherché les motifs. — Que ce mélange si discord vienne d'impartialité, de calcul, de subtilité d'imagination, qu'importe, si en troublant l'intelligence du commun des carlistes, il altère sa sympathie pour l'ensemble des doctrines de l'auteur : bien plus, ne pourrait-on pas demander si, grâce à de pareils accouplemens d'idées, M. de Châteaubriand ne nuirait pas à la cause qu'il a si fort à cœur de servir?

Je sais que les écrits politiques n'arrivent pas directement aux populations. Il est nécessaire qu'ils passent, non pas de main en main, mais de bouche en bouche, de classe en classe, et descendent pour ainsi dire d'échelon en échelon, traduits, à la ville, par les classes lettrées aux gens de métier, par les gens de métier aux ouvriers; à la campagne, par les propriétaires aux chefs d'exploitation, par les chefs d'exploitation aux simples journaliers; et puis, infiltrés de proche en proche dans les masses populaires par les hommes de ces masses qui les ont recueillis d'abord. A travers ces transformations progressives, mais de haut en bas, les idées vont, se dépouillant à chaque pas de leurs formes littéraires, et prenant peu à peu cette allure vulgaire qui les rend toutes à tous. C'est ainsi que s'opère et se propage l'effet des journaux; la toute-puissance de la presse est là ; sa force agit, non point par ceux qui lisent, mais par ceux qui traduisent.

Traduisez donc, vous quatrième ou cinquième, à quelque paysan bien bourboniste de la Bretagne ou de la Vendée, du Languedoc ou de la Provence, les pages les plus vives, les plus pénétrantes, les mieux senties de M. de Châteaubriand, c'est-à-dire celles qui touchent au développement absolu de toutes les libertés, et à la réalisation du dogme de la souveraineté du peuple; traduisez, et, à coup sûr, votre auditeur tiendra ce que vous lui direz pour l'opinion d'un bleu, d'un libéral, d'un révolutionnaire, mortellement hostile aux saines croyances. Et de vrai n'y verra-t-il pas foisonner toutes ces idées que, depuis son enfance, on lui enseigne à repousser, à craindre, à mépriser, tous ces mots auxquels on lui apprit toujours à reconnaître les ennemis du Roi, de M. le comte et de M. le curé? Car c'est ainsi qu'on incarne encore en plus d'un endroit, afin d'y attacher un sens, ce que vous nommeriez gravement trois principes fondamentaux de la société : légitimité, hiérarchie, religion.

Maintenant traduisez M. de Châteaubriand, non pas aux fragmens de la population amis de sa cause, mais à ceux qui tiennent pour Napoléon ou pour la République. Certes ici, ce pamphlet, convenablement vulgarisé, pourra émouvoir puissamment, mais en faveur de qui et contre qui ? En faveur de Napoléon ou de la République sans doute, et contre M. de Châteaubriand, j'en ai peur, c'est-à-dire contre ses idées politiques, ses amis d'opinion et les princes de son affection. Oui, et là serait pour lui comme le châtiment du succès : les passions sur lesquelles il souffle s'allumeraient ; il aurait accru de ses efforts tout ce qu'il y a d'amour en France pour ces libertés extrêmes, pour cette gloire éclatante qu'il nous promet, pourvu que nous acceptions Henri V; mais si dans ces touchantes prophéties, les choses, aux yeux du prophète, demeurent toujours inséparables de la personne, la France au contraire estime la personne incompatible de tout point avec les choses. Qu'arriverait-il donc de là, si ce n'est que, grâce à **M.** de Châteaubriand, le mouvement qui a déjà précipité le pays loin de la royauté légitime, augmenterait d'intensité en proportion même de l'énergie imprimée par lui à l'entraînement des partis les plus vifs?

Certes une si grande influence n'appartient à qui que ce soit; mais donnons-la par supposition à M. de Châteaubriand, et voilà un effet possible de sa prise d'armes si ardemment désirée par les légitimistes! Pourtant il lui reste une chance meilleure; à la place d'un résultat funeste à sa cause, il peut espérer un résultat nul pour tout le monde, si ce n'est pour lui qui recueillerait de son œuvre le fruit habituel, la rumeur qui depuis long-temps s'attache à la trace de ses pas et de ses paroles, ce cri des journaux, cette bienvenue des salons, ces applaudissemens de la foule lettrée, cette admiration de toutes les aristocraties sociales; concert immense de louanges qui doit chatouiller bien doucement l'oreille de l'écrivain : mais encore une fois, l'homme politique qu'a-t-il à faire de ce vain bruit? Ce qu'il cherche, c'est le succès utile, la réalisation, et, dans le cas présent, M. de Châteaubriand ne peut y prétendre; il doit même la repousser de toutes ses prières, à moins cependant qu'il n'ait pas donné à sa colère d'autre tâche que de pousser à la destruction de ce qui est et d'armer de sa force personnelle toute opinion hostile à l'organisation actuelle. Je le croirais; mais détruire sans fonder, c'est un labeur d'enfant ou d'insensé : l'insensé frappe au hasard et là où le veut sa folie; l'enfant se hâte d'entreprendre dans la minute ce qu'il souhaite dans la minute; l'homme se tient prêt, il veille l'occasion propice, il la laisse mûrir; l'homme d'État ne lève la main contre l'édifice social que lorsqu'il est certain de l'abattre au profit de ses idées, et d'avoir la libre disposition du sol déblayé, pour y bâtir son monument à lui. Or, si M. de Châteaubriand réussissait d'aventure à jeter bas quoique ce soit, au profit de qui aurait-il travaillé? Nul ne le sait; chacun se le demande, et lui-même au fond du cœur ne saurait que répondre; il doute pour le moins, et ce seul doute le condamne.

Mais encore une fois, c'est assez, c'est même trop s'occuper de l'homme. Je hais les récriminations comme inutiles, les médisances comme hasardeuses; dans un ennemi politique, on doit s'attacher, s'il parle, à ses dernières idées, s'il agit, à ses actions du moment; le reste mérite à peine un examen sérieux. C'est pourquoi, bien que je me sois appliqué à borner mes remarques aux actes publics de M. de Châteaubriand les plus nécessaires pour donner une juste mesure de ce que nous devons espérer ou attendre de lui; bien que lui-même se soit abandonné au contraire à une ivresse de haine, à une verve d'insultes et d'outrages, à un débordement d'injures furibondes qui va mal à son beau génie et dont s'affligent tous les vrais amis de sa renommée; bien que, sans effaroucher les plus délicates convenances, je pusse fouiller dans sa vie politique plus avant que je ne l'ai fait et y prendre encore des armes contre lui-même, je regretterais pourtant de m'être permis la plus légitime des personnalités, si, en vérité, M. de Châteaubriand ne forçait ses amis, comme ses antagonistes, à se préoccuper de sa personne par la préoccupation qu'il semble toujours en avoir lui-même.

Et en y regardant de près, on voit que cet *égotisme* ne manque pas de quelque fondement

raisonnable. M. de Châteaubriand n'est pas de
ces hommes dont toute la puissance morale
gît dans les idées; lui s'empare des esprits,
moins peut-être par ce qu'il dit que par ce
qu'il est; depuis long-temps il s'est donné une
sorte d'individualité théâtrale que l'on doit
compter pour moitié dans l'effet de ses écrits :
il n'a pas toujours l'assentiment des lecteurs;
il ne les fait pas entrer en communauté de ses
convictions; eux et lui ne sympathisent pas avec
les mêmes doctrines : mais eux s'émeuvent de
l'émotion que lui exprime; ce sont des cœurs
qui battent ensemble. C'est à peu près ainsi qu'au
théâtre nous nous laissons aller en idée à la
même pente de passions que le héros de la pièce;
nous sommes un peu lui, pendant une heure ou
deux, tout le temps du spectacle; mais cette
union n'est pas si intime que nous ne sentions
avec netteté tout son mensonge : le cœur tres-
saille, l'esprit n'est pas troublé et la volonté
surtout demeure libre. Si même tout-à-coup un
pouvoir féerique réalisait cet homme, dont on
nous représente l'apparence sur les planches
d'un théâtre, et qu'il vînt se mettre à nos côtés
sur le parquet d'un salon, il nous trouverait in-

soucians de sa personne ; nous repousserions son influence ; ses paroles serviraient à nous montrer ce qu'il faut éviter, et non ce qu'il faut faire.

Il en est ainsi de M. de Châteaubriand. Sur le théâtre de la politique parlée ; dans ses discussions d'apparat, luttes pleines de feintes ; au milieu de son drame si animé, si paré, si factice, bien des gens semblent être pour lui, qui hors de la scène, dans la politique privée, réelle, agissante, ne tiennent pas compte de la mieux accueillie de ses paroles. Ils séparent soigneusement en lui l'homme des faits et l'homme des idées, la personne de la vie active, domestique pour ainsi dire, et le personnage de cérémonie. Et si, comme eux, nous faisons cette distinction, ce n'est pas certes que nous mettions en doute un seul instant la sincérité de M. de Châteaubriand, et la coïncidence parfaite de ses principes avec ses actions, de sa politique de livre avec sa politique de cabinet. Mais tel est le sort des hommes d'imagination ; ils ne sont point carrés par la base, comme disait Napoléon ; il n'y a jamais une proportion exacte entre leur caractère et leur esprit : aussi leur assiette n'est-elle jamais assurée ; leur marche est incertaine ; leur vie est inconséquente, leurs convictions flottent ; ils ne vont pas, ils sont emportés.

Mais, en terminant ces réflexions, un scrupule m'est suggéré. Les mots d'écrivain, de littérature, de poésie, se présentent souvent dans les pages précédentes, et toujours comme un reproche à M. de Châteaubriand, comme une objection faite à sa politique. A Dieu ne plaise pourtant que j'aie songé à leur donner cette signification ! Nul plus que moi n'est loin de ce dédain brutal qu'affectent certains esprits prétendus pratiques pour tout art littéraire. Certes, dans un état de choses où bien dire est un chemin à tout, ce serait une étrange contradiction de vouloir que bien écrire devînt un obstacle pour tout. Mais la chose n'est pas ; et je ne sache point d'ailleurs une seule incompatibilité formelle entre le sens politique et le talent littéraire ; la presse périodique à elle seule fournirait depuis dix ans plus d'une preuve du fait contraire.

Si donc l'on parle à la fois, et de la politique peu consistante de M. de Châteaubriand, et de

la beauté de sa littérature ; si l'on oppose la
nature poétique de son esprit à ses prétentions
d'homme d'État ; en un mot, si l'on persiste à
ne pas tenir compte de ses doctrines, ce n'est
certes point parce qu'on doit admirer la ma-
nière dont il les expose. Non. C'est parce qu'il
pense, écrit, parle, juge de tout, et souvent, et
à tout propos, et hors de propos, littérairement ;
c'est que l'éclat de la parole n'est pas seulement pour lui un moyen, mais le but ; c'est
que son talent est d'ailleurs tout extérieur pour
ainsi dire, et que ce grand artiste est uniquement artiste de formes, de sons, de couleurs ;
c'est qu'en brisant le charme qu'il exerce sur
nos esprits, en allant au-delà de l'écorce si brillante, on ne trouve dans ses écrits, ni ce bon
sens calme, ni cette observation sagace, ni cet
esprit ferme et positif qui seuls peuvent mener
à la connaissance des choses et des hommes ;
c'est que cette connaissance se rencontre, peut-
être plus véritablement, dans les vers de telle
chanson ou dans la prose de telle comédie, que
dans bien des chapitres de M. de Châteaubriand ; c'est qu'après avoir écrit un volume de
style, comme on dit, une brochure de poésie,

une page d'éloquence, il ne devrait pas étique-
ter ce volume Religion, cette brochure Histoire, cette page Politique.

Il était donc permis, après avoir fléchi
le genou devant un admirable talent, de
chercher si elle est bien apte à la politique,
cette pensée qui toujours s'abandonna au
caprice de l'imagination comme une feuille
au vent; et d'ailleurs, quoi que j'aie dit, il
m'importait de le dire pour le but que je me
proposais. Je voulais montrer la fin à laquelle
tendait M. de Châteaubriand, juger les moyens
mis en œuvre par lui, compter ses chances de
succès; mesurer le degré de confiance que mé-
ritent ses promesses et ses espérances : pour
cela il fallait rappeler ses antécédens politiques,
sa tactique habituelle, son habileté pratique :
où pouvais-je le trouver sinon dans sa biogra-
phie? Voilà pourquoi j'ai, pour ainsi dire, per-
sonnifié en lui toutes les questions, avant que de
les considérer abstraitement en elles-mêmes
et pour elles-mêmes. Le second travail m'agrée
plus, d'autant mieux que, si grand que soit un
homme, c'est toujours rétrécir une question, à
laquelle il est mêlé, que de n'y voir que lui.

D'ailleurs dans le coup-d'œil que je veux essayer de prolonger sur la situation actuelle, il faudra sortir du cercle où s'est enfermé M. de Châteaubriand. Grand artiste, il ne travaillait que pour une famille; humble manœuvre, je n'ai en vue que la France. Je devrai donc m'arrêter à certaines questions qu'à peine il indique; à une surtout qui me conduira en face de M. de Cormenin, car il se l'est appropriée, il l'a faite sienne par l'étrange persistance, et le remarquable talent avec lequel il l'a posée, résolue, reproduite en contradiction avec le pays, avec son vœu de 1830 et son intérêt de tous les temps.